सूरजमुखी के खेतों तक

सूरजमुखी के खेतों तक

एकान्त श्रीवास्तव

वाणी
प्रकाशन

प्रकाशन के उत्कृष्टतम 61 वर्ष

vaniprakashan.com

सजिल्द पहला संस्करण : 2024

वाणी प्रकाशन

4695, 21-ए, दरियागंज, नयी दिल्ली-110 002

फ़ोन : +91 11 23273167, 23275710

शाखाएँ

अशोक राजपथ, पटना-800 004, बिहार

कॉफ़ी हाउस कैम्पस, महात्मा गांधी मार्ग, प्रयागराज-211 001, उत्तर प्रदेश

महात्मा गांधी अन्तरराष्ट्रीय हिन्दी विश्वविद्यालय, वर्धा-442 001, महाराष्ट्र

36/ए, शेक्सपियर सरणी, रानी बिरला गर्ल्स कॉलेज के पास, कोलकाता-700 017, प.बंगाल

sales@vaniprakashan.in
vaniprakashan@gmail.com

Surajmukhi ke Kheton Tak

by Ekant Shrivastava

ISBN : 978-93-6287-421-4
Poetry Collection

मूल्य : ₹ 325

आर.टेक ऑफ़सेट प्रिंटर्स, दिल्ली-110 032 में मुद्रित

वाणी प्रकाशन का लोगो मक़बूल फ़िदा हुसेन की कूची से

कृषक को
भारतीय गाँवों को
गाँव के घर को

पूर्व कथन

वे रास्ते महान हैं
जो पत्थरों से भरे हैं
मगर जो हमें
सूरजमुखी के खेतों तक ले जाते हैं

ऐसा लगता है, एक कवि उम्र भर उन रास्तों की खोज करता है; जो चाहे पत्थरों से भरे हों लेकिन एक दिन जो हमें सूरजमुखी के खेतों तक ले जाते हैं।

इस यान्त्रिक और उत्तर-आधुनिक सभ्यता में सबसे बड़ा हमला मनुष्य की संवेदना और प्रकृति पर है और उस साझा संसार पर भी जिसकी साँसें एक-दूसरे में गुँथी हैं, जहाँ हाथ मिलकर काम करते हैं और पाँव एक साथ बीहड़ों को तय करते हैं। यहाँ एक नींद दूसरों के सपनों से महकती है और दूसरों के दुःख में टूट भी जाती है।

जब यह संसार नष्ट होने लगता है तो कविता अपना प्रतिसंसार रचती है। इस प्रतिसंसार में निस्सन्देह संवेदना और प्रेम है, तो आक्रोश और प्रतिहिंसा का भाव भी संरक्षित है। संवेदना, संघर्ष और प्रतिरोध में ही मनुष्य-जीवन और मानव-सभ्यता का सौन्दर्य निहित है। यही सौन्दर्य कला और कविता का भी सौन्दर्य है।

आज तथाकथित विकास और विनाश जैसे एक-दूसरे के पर्याय हैं। विकास का अर्थ यदि थोड़े-से लोगों को सुविधा-सम्पन्न करना है तब तो बहस का कोई अर्थ ही नहीं। बहुसंख्यक की बुनियादी समस्याएँ जस की तस हैं–भूख, ग़रीबी, बेरोज़गारी, अभाव और उत्पीड़न। केन्द्र में यदि आँखें चौंधिया देने वाली रौशनी है तो इसलिए कि परिधि के अँधेरों से उनके दीपक और कन्दीलें छीन ली गयी हैं। नगर केन्द्रित विकास की अवधारणा में दूरस्थ गाँव, किसान, खेत और वहाँ के साधारण जन प्रायः बेहाल हैं। किसानों की आत्महत्याएँ और उनके आन्दोलन इसके प्रमाण हैं।

ऐसे में कविता का धर्म बदलता है।

वंचितों के साथ खड़े होकर, प्रकृति के विनाश के विरुद्ध आवाज़ उठाकर, साझा समाज के स्वप्न को बचाकर, अन्याय, उत्पीड़न और दमन के विरुद्ध सत्ता का बरक्स बनकर ही कविता और समाज को बचाया जा सकता है। आज ग्राम्यता भी जैसे प्रकृति, संवेदना, मनुष्यता और साझा जीवन का पर्याय बन गयी है। ग्राम्यता को स्थूल अर्थ में नहीं बल्कि मूल्यगत दृष्टि से देखने की आवश्यकता है।

ऐसा लगता है; ग्राम्यता ही वह मार्ग है जिससे होकर हम सूरजमुखी के खेतों तक पहुँच सकते हैं।

****

'अन्न हैं मेरे शब्द' (सन् 1994), 'मिट्टी से कहूँगा धन्यवाद' (सन् 2000), 'बीज से फूल तक' (सन् 2003), 'नागकेसर का देश यह' (लम्बी कविता, सन् 2009), 'धरती अधखिला फूल है' (सन् 2013) के ग्यारह साल बाद पाठकों के हाथों में अपना नया कविता-संग्रह सौंपते हुए मुझे प्रसन्नता है। प्रकाशन-क्रम में यह मेरी कविता की छठी पुस्तक है। इस संकलन को तैयार करने में लगभग वर्ष भर का समय लग गया। संग्रह के शीर्षक और संकलित की जाने वाली कविताओं को लेकर एक उधेड़बुन-सा चलता रहा। कई कविताओं को सम्मिलित करने के बाद बाहर करता रहा। उनकी जगह दूसरी कविताएँ सम्मिलित करता रहा। कुछ कविताओं में असमंजस की स्थिति बनी रही तो कवि मित्र डॉक्टर आलोक वर्मा (रायपुर) से फ़ोन पर कविताएँ सुनाकर सलाह ली। उदार और आत्मीय सहयोग तथा सुझाव के लिए मैं उनके प्रति आभार प्रकट करता हूँ। अब जाकर इस संकलन के प्रति एक हद तक आश्वस्त और सन्तुष्ट हो सका हूँ। छप जाने के बाद कवि इस ऊहापोह से मुक्त हो जाता है क्योंकि प्रकाशित पुस्तक कवि की कम बल्कि पाठकों की अमानत अधिक बन जाती है। एक जिल्द में आने के बाद कवि अपने किये गये काम से मुक्त हो जाता है। इस मुक्ति-गन्तव्य तक पहुँचना एक तकलीफ़ देह सफ़र को तय करने जैसा ही है। बहरहाल, पाठकों, मित्रों, शुभचिन्तकों से भरे उस जन-समाज को यह किताब सौंपकर निर्भार हो रहा हूँ; कविता जहाँ अपना दूसरा जन्म लेती है। धन्यवाद!

एकान्त श्रीवास्तव

अनुक्रम

नंगे पैरों
(खण्ड-एक)

घुटनों तक पानी में
(खण्ड-दो)

युद्ध और शान्ति
(खण्ड–तीन)

नंगे पैरों

(खण्ड-एक)

कितने दिन हुए
गोबर से लिपी हुई भूमि पर
चले हुए
नंगे पैरों!

गणित

बचपन से गणित कमज़ोर है
अधिक लौटा देता हूँ
कम-कम लेकर
घाटे में रहता हूँ संसार के व्यापार में

फिर भी रोज़-रोज़ के धोखे और छल से
कुछ सीखता रहता हूँ
सूर्य से जुगनुओं को घटा देता हूँ
तो चन्द्रमा हासिल आता है

अर्थशास्त्री कहते हैं; मनुष्यता को
घटा दो पूँजी से
मगर मैं पूँजी से मनुष्यता को
जोड़ देता हूँ
तो पूँजी हाथ से चली जाती है
घाटे में रहता हूँ

ओ मेरी सभ्यता के आकाओ
जीवन को कितना गणित और भौतिक
बना दिया तुमने
जब कि यह; प्रत्येक बार एक कला है
अश्रुपूरित नयन में स्वप्न का इन्द्रधनुष।

पत्थर को मिलती है हज़ार बरस उम्र

पत्थर को मिलती है हज़ार बरस उम्र
फूल को एक दिन

भले लोग संसार में
थोड़े समय के लिए उतरते हैं
देवदूतों की तरह
सौ-सौ बरस जीती हैं हिंस्त्र आत्माएँ

अच्छी चीज़ें नष्ट हो जाती हैं
कहने की बजाय
यह कहना अधिक ठीक होगा
कि अच्छी चीज़ें नष्ट कर दी जाती हैं

एक बुरी कविता के बाहर
कुछ बहुत अच्छे शब्द
अँधेरी झाड़ियों में पड़े
जगमगाते रहते हैं
एक बहुत बुरे संसार में
जगमगाती रहती है मनुष्यता

फिर एक दिन उसकी भी जोत
कम हो जाती है
बुरे दिनों के पंखों पर

उड़ते हैं अच्छे दिन
और एक दिन
वे गिरते हैं अपनी उड़ान से नीचे
आख़िरी उड़ान भरते हुए

पत्थर को मिलती है हज़ार बरस उम्र
फूल को एक दिन।

बाजी के जन्म पर कुछ वाक्य

तुम आयीं तब दरवाज़े बन्द थे
और गलियों में सन्नाटा था
अन्धकार की चौखट पर
कल रात जलाये गये दिये बुझ चुके थे
और सूर्योदय में अभी देर थी

भोर के पहले पक्षी की आवाज़ की तरह पवित्र
तुम्हारी पहली आवाज़
रात्रि के अन्तिम प्रहर के सुनसान में

पतझड़ बस अभी गया था
वसन्त बस अभी आया था
दो ऋतुओं के बीच
तीसरी ऋतु की तरह तुम्हारा शुरू होना था

तुम आयी पवन के अनन्त स्वरों में
शामिल करने अपना भी स्वर
तुम आयीं धरती के अनन्त कपास से
बुनने अपने भी धागे

भोर के किवाड़ में
साँकल की तरह बजी
तुम्हारी पहली आवाज़

तुम आयीं तब दरवाज़े बन्द थे।

देवी

पहाड़ पर देवी का मन्दिर था
हमने जूते उतारे
हाथ मुँह धोये
और देवी के दर्शन किये

लौटते हुए एक बूढ़ी स्त्री दिखी
सिर पर लकड़ियों का गट्ठर लिये
नंगे थे उसके पाँव धूल में अंटे हुए
आँखें सजल
पर माथ उठा हुआ उन्नत गरबीला
चेहरे पर हल्की मुस्कुराहट
बार-बार हार कर जो एक छोटी-सी विजय
के बाद भी आ जाती है

बाघ डुकरते थे उसके चारों तरफ़
और वह बीनती थी लकड़ियाँ
धूप में चमकते थे उसके पटसन जैसे बाल

वह भी एक देवी थी
निर्वासित
अपने देवालय से

जो सरापती न थी संसार को
बस असीसती रहती थी

हमने जूते नहीं उतारे
पर देवी के दर्शन किये।

लिखने से ज़्यादा

लिखने से ज़्यादा ज़रूरी था
एक प्यासे को पानी पिलाना

सूख रहे थे बेला के पौधे
उनकी पपड़ायी मिट्टी वाली
जड़ों को सींचना ज़्यादा ज़रूरी था

बिना काग़ज़ कलम के भी
लिखी जा सकती है कविता

कविता ही थी सूखी क्यारी में
पड़ती जल की धार
एक प्यासे कण्ठ में
बूँद-बूँद उतरती
कविता ही थी।

साही

अब तुम्हारे शरीर में उग आये हैं काँटे
जब कि जन्म के समय तुम एक फूल थे

कुदरत ने दिया है तुम्हें
अनमोल यह उपहार
कि बाघ भी करे हमला
तो कर सको आत्मरक्षा
तुम्हारे दंश-भरे तीखे काँटे गड़कर
छूट जाते हैं हमलावर पर

अब बहुत जंगल-जंगल जैसा
हुआ जा रहा यह समाज
अब बहुत समाज-समाज जैसा
हुआ जा रहा जंगल
बाघों से भरा कितना बघीला हो गया है समय

तुम बहुत ख़रगोश-ख़रगोश दिखते हो
मर सकते हो किसी भी दिन आखेट में
कभी भी हो सकता है तुम्हारा वध
सिर्फ़ साही होकर बचा जा सकता है
मार-काट की रणभूमि में

भूल जाओ किसी दु:स्वप्न की तरह
कि जन्म के समय
तुम एक फूल थे ।

ग़रीब

उन दिनों को हमें याद रखना चाहिए
जब हमारे पास
एक दिये जितनी रौशनी थी
जिसमें पढ़ा जा सकता था एक पाठ
और जिसमें आँख भी नहीं चौंधियाती थी

जिसमें पहचानी जा सकती थी
एक घर की देहरी
और आँगन
जिसके उजास में हम रोटी का
पहला कौर तोड़ते थे
परोसती हुई माँ की फुल्ली
जिसमें चमकती थी

अब इतनी रौशनी है हर तरफ़
कि उन अँधेरों की याद आती है
जिनमें छुपी है हमारी नींद
पत्तों में फल की तरह
सपनों की ख़ुशबू से भरी हुई

ग़रीब हम तब थे या अब
हमें पूछना ही होगा
एक दिन ख़ुद से

बहुत अमीरी भी
धीरे-धीरे ग़रीब करती जाती है ।

नंगे पैरों

कब खाये थे तुमने
मेड़ पर उगी झाड़ी से तोड़कर
पीले-लाल बेर
आम्रवन में पककर गिरा पनलुकाआम
तालाब किनारे बैठ सुस्ताये कितने दिन हुए!

धीरे-धीरे कितना बदल जाता है जीवन
कि इसका रंग पहचान में नहीं आता
आईने में ख़ुद को देख कर सोचते हैं हम
कि हाँ, यह हमारा ही चेहरा है

जूतों के फीते बाँधते समय टीसता है मन
कितने दिन हुए
गोबर से लिपी हुई भूमि पर
चले हुए
नंगे पैरों!

पावस

पानी के दरवाज़े थे और पानी की खिड़कियाँ
तेज़ झंझावात में भड़भड़ाते हुए
कोई तर-ब-तर भागता आता था इनके अन्दर
कोई किसी को पुकारता था
और बत्ती गुल हो गयी थी

भीगती गलियों में बचपन की खोयी हुई
छतरी उड़ी जा रही थी
नीली लाल धारियों वाली

बिजली चमकती तो दूध मोगरा के सफ़ेद फूल
दिखते भीगते हुए

कौन था बाहर
पावस या प्यार
आधी रात को दरवाज़ा पीटता हुआ
पानी के हाथों से।

गुड़ाई करते समय

एक

मोंगरे के पौधों की
गुड़ाई करता हूँ
जड़ों को और गहरी राह देता हूँ
और मिट्टी को साँस लेने की जगह

बहुत धुँधली धूप
भीतर जड़ों के अँधेरों तक
पहुँचती है

कुदाल मिट्टी को ऐसे छूती है
जैसे कोई वैद्य छूता है रोगी को
बहुत ममत्व से
और उसे ढेलों में बदल देती है

आषाढ़ का पहला पानी
रिसेगा
इन्हीं रन्ध्रों से

अब दिखेगी बाढ़ पौधों में
खिलेंगे फूल कल मोती सरीखे
रात्रि का अरण्य महकेगा

भूमि की कठोर परतों को
तोड़ देता हूँ
जड़ों को और गहरी राह देता हूँ।

गुड़ाई करते समय

दो

चींटियाँ छुपा कर रखती हैं अपनी नींद
मोंगरे की जड़ों में
धूप के दिनों में भी

मैं कहाँ छुपा कर रखूँ अपनी नींद
अपनी लोरी
किस वन में
किस पंछी के कोटर में
बाज़ार घेरता है मेरी नींद को
पूँजी लगाती है सेंध
ओ निर्मम सौदागरो
क्या तुम्हें माँओं ने नहीं
मशीनों ने जन्म दिया
जो तुम ख़रीदने आये
मेरी नींद, मेरी लोरी

कुछ चीज़ें कभी बिकाऊ नहीं होतीं
जैसे मेरा प्यार, मेरा ग़ुस्सा
जैसे मेरे आँसू
जैसे फूलचुहकी के कण्ठ में

उतरता फूल का रस
जैसे मोंगरे की जड़ों में सहेजकर रखी हुई
चींटियों की नींद।

गुड़ाई करते समय

तीन

पहला फूल मैं तुम्हें देता हूँ मेरी धरती
भोर की उनींदी आँख का
पहला स्वप्न
पहला प्यार जड़ों का, पत्तों का
नाज़ुक टहनियों का

पहला दीप दिप-दिप
पहला तारा टिम-टिम
पहली बूँद झिलमिल

पहला दुख परती ज़मीन का
अब सुख बनकर जनमा
पहला प्रणाम वनस्पति का
मैं तुम्हें देता हूँ मेरी धरती।

गुड़ाई करते समय

चार

कितने दिन बाद मोंग़रे में फूल आये
और हरदुलिया की आवाज़ सुनाई पड़ी

एक बीज को पौधा बनने के लिए
जल नहीं
आँसू और पसीना और रक्त चाहिए
जैसे आटे को रोटी बनने के लिए
पानी और नमक और आग चाहिए
और वह हुनर जिसमें लोई बेली जाकर
लपटों में फूलती है

काकी कहती थी, अमावस की रातों में
आकाश झड़ाता है चुपचाप अपने फूल
और पौधे उन्हें अपने में टाँक लेते हैं
नहीं, यह सच नहीं

संसार में बहुत आसान है काँटे बो देना
युद्ध और हिंसा और रक्तपात के बाद विजयी होना

जबकि तुम्हारी मनुष्यता सिर्फ़ एक फूल उगाने से
पता चल सकती है।

ढोलक बजाती लड़की

ढोलक पर पड़ती थी उसके नाज़ुक हाथों की थाप
एक लहर दौड़ पड़ती थी सबके मन में अपने आप
वह आठ बरस की बच्ची माँगती भीख
कच्ची भूमि वह
सहती थी प्रखर सूर्य का ताप।

एक साड़ी में जीवन बिताने की तकनीक

वह एक नदी के घाट का दृश्य था
जहाँ वे रुकी थीं नहाने
पीछे जंगल था जिसके बीच की
पगडण्डियों से वे आयी थीं मज़दूरी के बाद
आगे था कहीं कोई गाँव जहाँ उन्हें जाना था

सूर्य सिर पर तप रहा था
आग उगलती थीं गर्म हवाएँ
मगर नदी में जल था ठण्डा और मीठा
जीने की इच्छा को बचाये हुए

वे नहा रही थीं आधी साड़ी लपेटकर
और आधी धो रही थीं
घाट के पत्थर पर
धो रही थीं वे धूल और पसीने
और हल्दी-मिर्च के दाग
नदी से दाग़-दाग़ साड़ी की निर्मलता
वापस लेती हुईं
जब धुल गयी आधी साड़ी
तब आधी धुली और गीली साड़ी लपेट कर
उन्होंने धोया बाक़ी आधी बची साड़ी को इसी तरह

फिर मदद के लिए आती है दूसरी स्त्री

फैलाने आधी गीली साड़ी के दोनों छोर हवा में
नीचे भूमि की रेत-मिट्टी से बचाती हुई
पहली स्त्री थामे रखती है एक तरफ़ से साड़ी
लपेटी हुई आधी को

जब सूख जाती है आधी साड़ी
तो उसे लपेटकर
बाक़ी आधी गीली साड़ी वे सुखाती हैं
पुन: इसी तरह
अन्त में पहनकर पूरी धुली और सूखी साड़ी
वे उठाती हैं अपने तसले
और बासी भात की डेकचियाँ
और चल देती हैं गाँव की तरफ़

वे नहीं जानतीं
देश में कपास और रेशम उत्पादन के आँकड़े
वे दूसरों के वैभव को
बहुत दूर से देखती हैं तटस्थ
और अपनी विपन्नता से नफ़रत नहीं करतीं
उनके चेहरों पर न विषाद है न तकलीफ़
बिना किसी शिकायत के
वे हँसती हुई आती हैं नदी के घाट पर
और हँसती हुई चली जाती हैं

वे हमारी महान सभ्यता की महान स्त्रियाँ हैं
जिन्होंने ईजाद की
एक साड़ी में जीवन बिताने की तकनीक।

आख़िरी बस

सच्चा प्यार
आकाश की टहनियों में
कहीं छुपा था
अमरफल की तरह

हम जिसे पत्थर मारकर गिराते थे
वह प्यार झूठा था
प्यार शरीर नहीं था
शरीर तो नश्वर था
रेत, मिट्टी, राख था

आख़िरी बस की हेडलाइट में
पेड़ प्रकाशित होते थे एक-एक कर
जैसे वे गाछ न हों
कविता हों अरण्य की पुस्तक में

जो प्रकाशित होकर भी
अप्रकाशित रह जाता था
वह हमारे हृदय का पन्ना था
दिन पर दिन
जो भूरा पड़ता जाता था
प्रकाशक के इन्तज़ार में

सच्चा प्यार
किन्हीं सीपियों में पल रहा था
सच्चे मोतियों की तरह
उन समुद्र तटों पर
जो निर्जन थे और ख़तरनाक भी
और वहाँ से हम लौट आये थे
आख़िरी बस पकड़कर।

निशान

इस कच्ची सड़क से
गुज़री होंगी बैलगाड़ियाँ
धान से लदी हुईं
धूल में छूटे हैं पहियों के निशान

गाड़ियों से झड़ते गये होंगे दाने
दानों के लिए उतरा होगा
चिड़ियों का झुण्ड
धूल में छूटे हैं उनके पंजों के निशान

पैदल चलता एक बूढ़ा किसान ठिठकता है
कि बगरइल चिड़िया के पाँवों के
निशान हैं ये

तभी उन्हीं निशानों से
धड़धड़ाती गुज़र जाती हैं गाड़ियाँ

सड़क पर रोज़ होती हैं दुर्घटनाएँ

जो कहीं बच नहीं पाते
पुस्तकों में न छाया चित्रों में

छूट जाते हैं स्मृतियों में जस के तस
वही निशान

यहाँ रोज़ होती हैं दुर्घटनाएँ।

मज़ार*

भारी हो गये थे मेरे क़दम
भारी हो गया था मन
मैं वहाँ पहुँचा और हतप्रभ रह गया
ग़ायब हो गयी थी मेरे पिता की मज़ार

क़ब्रिस्तान के ठीक दूसरे छोर पर
कुछ किसानों के घर थे
जो क़ब्रिस्तान के ईंट-पत्थरों से बने थे

उन पत्थरों से कोई घर बन गया था
जो मेरे पिता की मज़ार में लगे थे
मेरी आँख बार-बार गीली हो रही थी
मुझे आ रही थी ज़ोर की रुलाई

मेरे पिता होते तो उन्हें कैसा लगता
पर भला कैसे हो सकता है कोई आदमी
अपने बाद
अपनी मज़ार की हालत देखकर
दुखी या सुखी होने के लिए

---

* प्रख्यात विद्वान एवं एक्टिविस्ट स्व. इक़बाल अहमद के संस्मरण पर आधारित। सन्दर्भ : 'उदभावना', अंक 53-54 में इक़बाल अहमद का साक्षात्कार।

पर अगर वे होते तो उन्हें ख़ुशी हुई होती
कि मर कर भी वे दे रहे थे जीवितों को जीवन
उनके जीवन को वे बना रहे थे बेहतर

यह पत्थरों का भी सौभाग्य था
कि मज़ार की बजाय
वे लगे थे एक घर की नींव में।

इक़बाल अहमद और उनके पिता*

हम एक ही बिस्तर पर सो रहे थे
मैं और मेरे पिता
जब उनकी हत्या हुई
बताते हैं इक़बाल अहमद
उन्होंने मुझे बचाने की कोशिश की और सफल रहे
मैं यहाँ आपके सामने हूँ

यह आज़ादी से पहले की बात है
वे भारतीय राष्ट्रीय कांग्रेस में शामिल थे
और अपनी ज़मीन का कुछ हिस्सा ग़रीबों में
बाँट रहे थे
मेरे पिता की हत्या में उनके कुछ रिश्तेदारों का हाथ था
क्योंकि वे सोचते थे
कि मेरे पिता की राजनीति से
उनके सम्पत्ति अधिकारों को ख़तरा पैदा हो सकता है

तो आपको कैसा लगा जब आपके पिता की हत्या हुई
पूछा जाता है इक़बाल अहमद से

यही कि लोग दोस्ती अथवा ख़ून के रिश्तो से भी

---

* प्रख्यात विद्वान और एक्टिविस्ट स्व. इक़बाल अहमद के संस्मरण पर आधारित। सन्दर्भ : उदभावना, अंक 53-54 में इक़बाल अहमद का साक्षात्कार।

अधिक धन-सम्पत्ति को प्यार करते हैं
संक्षिप्त वाक्यों में बताते हैं इक़बाल अहमद
छुपाते हुए अपनी आवाज़ की उदासी
मगर यह नहीं बताते कि उस रात के बाद
किसी रात वे चैन से सो नहीं पाये
कि एक रात हुई हत्या का ख़ून छिटकता है
हमारी हर रात की नींद में
एक रात हुई हत्या का ख़ून छिटकता है
उन फूलों की पंखुड़ियों पर
जो अभी खिले नहीं हैं

एक रात हुई हत्या का ख़ून छिटकता है
उस कमीज़ पर बरसों बाद जिसे हम पहनेंगे
किसी उत्सव की तैयारी में

जिनकी नींद में आते हैं दूसरों के स्वप्न
जिनकी हर साँस से उठती है धरती की महक
साइबेरिया की घास-सी ज़िद्दी होती हैं जिनकी उम्मीदें
गंगा के कछार-सा विशाल होता है जिनका हृदय
बार-बार
इस देश में
वे मार दिये जाते हैं।

अभी उसके जीवन में
(बिन्नी के लिए)

अभी उसके जीवन में कोई कहानी नहीं है
इसलिए वह कहानी के पीछे भागती है
जल्दी-जल्दी पानी का गिलास, चाय का कप
या फल की प्लेट मेज़ पर रखकर
इस समय उससे कुछ भी कहना बेकार है
पुस्तकों में, पत्रिकाओं में, फ़िल्मों में
कहानी का गुरुत्वाकर्षण उसे खींचता है
जैसे आकाश की कहानी में तारे होते हैं
पेड़ की कहानी में गिलहरी
घर की कहानी में वह मेरी बच्ची है
और मैं उसका पिता

बड़ी होगी तो सबसे पहले उसका सामना
जिस कहानी से होगा
शायद उसमें प्रेम होगा
कितना अच्छा हो
कि एक स्त्री के जीवन में
अन्त में भी प्रेम हो आरम्भ के साथ-साथ
बस प्रेम हो और कहीं धोखा न हो
फिर चाहे उसे देखने के लिए
हम न रहें संसार में।

सायकिल चलाते हुए

(आलोक वर्मा के लिए)

मैं पायडिल पर ज़ोर डालता हूँ
और पवन को पार करता हूँ
तारों को, चाँद को, सूर्य को,
बहते हुए जल को
पार करता हूँ भागते हुए समय को

स्वप्न के उड़न खटोले में बैठकर
अन्धकार भरी नींद को
आसरे की डोंगी में बैठकर दुख के दिनों को
धौंकनी की तरह चलती साँस से
चील की तरह उड़ती
मृत्यु की परछाईं को

बहते हुए आँसू के नमक को
दौड़ते हुए लहू के नमक से
पार करता हूँ

मैं पायडिल पर ज़ोर डालता हूँ।

राधा गुलाब*

दो रंगों में एक फूल का जीवन है
या एक फूल के जीवन में दो रंग

दूध के कुण्ड में नहाकर
यह खिलता है
भोर के झुटपुटे में

धूप चढ़ते ही आता है दूसरा रंग
जैसे प्रेम आता है
उम्र के वसन्त में

तुम ठिठककर चौंकते हो भरी दोपहर
कि सुबह जो खिला था
क्या वही यह फूल!

---

*छत्तीसगढ़ में इसे पगला गुलाब कहते हैं। बंगाल में यह स्थल पद्म (भूमि का कँवल) के नाम से जाना जाता है।

खेल

तालियाँ थीं, दर्शक थे और खेल था
जो सूर्यास्त के साथ ख़त्म होता था
हमारा मरना था
खटना था रात दिन
उनका खेल था

मदारी कोई और था डमरू किसी और हाथ में
हमें मूक पशु की तरह करतब दिखाना था

हमारी उदासी मगर किसी खेल का हिस्सा नहीं थी
हमारे आँसू ज़रूर
उस खेल के परिणाम थे
जिसे दुखों ने हमारे जीवन के साथ खेला था

आदिम था हमारा दर्द
कि मनुष्य होते हुए
हमें खेलना था पशु होने का खेल।

सर्कस

शेर मंच पर इस तरह आता था
कि गीदड़ को भी उस पर दया आ सकती थी
शेर जो जंगल का राजा हुआ करता था
किसी ज़माने में

जब शेर की ऐसी गति थी
फिर दूसरों की बिसात ही क्या
लोग देखते थे और तालियाँ बजाते थे

पालतू और ग़ुलाम–ये दो शब्द थे जिनमें
पूरी सभ्यता साँस ले रही थी
सपेरे घूमते थे ज़हरीले सर्पों को गले में लपेटे
विष के दाँत तोड़ देने के बाद

सर्कस बस शुरू हुआ था एक बार
और कभी ख़त्म नहीं हुआ।

माँ और चेरी का फल

दो रोटियाँ ज़्यादा सेंकती है वह
पकाती है थोड़ा अधिक अन्न
कि शायद आज वह आ जाये
कनस्तर में कम होता जाता है आटा
झोले में कम होता जाता है चावल
कम नहीं होती उम्मीद लेकिन हृदय में

प्रतीक्षा की प्रचण्ड दोपहर में
उम्मीद हो जैसे चेरी का फल
सुर्ख़ , दहकता हुआ
रोटियाँ बासी पड़ जाती हैं रोज़
बासी नहीं पड़ती उम्मीद

लालटेन की लौ धीमी करती है वह रात को
बुझाती नहीं पूरी तरह
कि शायद वह पुकारे
आधी रात
और चेरी का फल
उस पुकार की धमक से गिर जाये।

गोंद इकट्ठा करने वाली बच्चियाँ

वे गोंद इकट्ठा करने वाली बच्चियाँ हैं
बबूल के तनों से बाहर
जो फूटता है प्रखर सूर्य के ताप से
टीकाटीक दोपहर में

वे चूसती हैं आम
हवा के झोंके से
जो टपक कर नीचे गिर पड़ते हैं
अधपकी इमलियों को
पत्थर मारकर गिराती हैं
उनकी घमौरियों-भरी पीठ पर तकलीफ़ें
पसीना बनकर चुनचुनाती हैं

निर्जन खेतों-पठारों में
काँटों से बचते हुए नंगे पाँव
वे इकट्ठा करती हैं इतना गोंद
कि गाँव की दुकान से
मिल जाये बदले में
गड़ा नमक, खड़ी मिर्च
और हल्दी की कुछ गाँठें
इस तरह वे घर भर के भोजन के
स्वाद के लिए
बेचैन बच्चियाँ हैं

जो रोनी साग को नुनछुर और
चुप्पुर करती हैं
अपने कमाये हुए नमक, मिर्च और हल्दी से

जब असीसती हैं उनकी माँएँ
तब ग्रीष्म के ये लम्बे तपते दिन
उनके कमाये हुए सिक्कों की तरह
बज उठते हैं सुनसान में।

नहीं आने के लिए कहकर

नहीं आने के लिए कहकर जाऊँगा
और फिर आ जाऊँगा

पवन से, पानी से, पहाड़ से
कहूँगा–नहीं आऊँगा
दोस्तों से कहूँगा और ऐसे हाथ मिलाऊँगा
जैसे आख़िरी बार
कविता से कहूँगा–विदा
और उसका शब्द बन जाऊँगा
आकाश से कहूँगा और मेघ बन जाऊँगा
तारा टूटकर नहीं जुड़ता
मैं जुड़ जाऊँगा
फूल मुरझाकर नहीं खिलता
मैं खिल जाऊँगा

हर समय दुखता रहता है यह जो जीवन
हर समय टूटता रहता है यह जो मन
अपने ही मन से, जीवन से
संसार से
रूठकर दूर चला जाऊँगा
नहीं आने के लिए कहकर

और फिर आ जाऊँगा।

नोट गिनने वाली मशीन

ऐसी कोई मशीन नहीं जो सपने गिन सके
सपने जो धरती पर फैल जाते हैं
जैसे बीज हों फूलों के

ऐसी कोई मशीन नहीं
जो गिन सके इच्छाओं को
उस प्रत्येक कम्पन को
जो अन्याय और यातना के विरोध में
पैदा होता है
दहशत पैदा करती है नोटों की फड़फड़ाहट
कोई पीता है चाँदी के कटोरे में
आदमी का लहू
हमारी मेहनत का मधु कोई पीता है
एक जाल जो रोज़ गिरता है हम पर
पर दिखता नहीं
इस जाल की एक-एक ताँत को जो गिन सके
ऐसी कोई मशीन नहीं

जैसे जंगल हो बृन्दानवागढ़ का
और पेड़ों को गिनना हो कठिन
कठिन है गिनना
प्रेम और स्वप्न और इच्छाओं को
आदमी का ग़ुस्सा लावा बनता है

और उसके प्रेम से फैलता है आलोक
फूलते हैं गुलाब
ऐसी कोई मशीन नहीं
जो तारे गिन सके और गुलाब
जो फूलते हैं आदमी के प्रेम से
रात्रि के अरण्य में
और दिन की टहनियों पर असंख्य।

ख़ून की कमी

टीकाटीक दोपहर में
भरी सड़क
चक्कर खाकर गिरती है रुकमणि
ख़ून की कमी है
कहते हैं डॉक्टर

क्या करे रुकमणि
ख़ुद को देखे कि तीन बच्चों को
पति ख़ुद मरीज़
खाँसता हुआ खींचता रिक्शा
आठ-आठ घरों में झाड़ू बर्तन करती रुकमणि
चकरघिन्नी-सी काटती चक्कर

बच्चों का मुँह देखती है
तो सूख जाता है उसका ख़ून
पति की पसलियाँ देखती है
तो सूख जाता है
काम से निकाल देने की
मालकिन की धमकियों से
तो रोज़ छनकता रहता है
बूँद-बूँद ख़ून
बाज़ार में चीज़ों की क़ीमतों ने

कितना तो औंटा दिया है
उसके ख़ून को

शिमला सेब और देसी टमाटर से
तुम्हारे गालों की लाली
कितनी बढ़ गयी है
और देखो तो
कितना कम हो गया है यहाँ
प्रतिशत हीमोग्लोबिन का

शरीर रचना विज्ञानी जानते हैं
कि किस जटिल प्रक्रिया से गुज़रकर
बनता है बूँद भर ख़ून शरीर में
जिसकी कमी से
चक्कर खाकर गिरती है रुकमणि

और कितना ख़ून
तुम बहा देते हो यूँ ही
इस देश में
जाति का ख़ून
धर्म का
भाषा का ख़ून।

रक्तदान

"मैं ख़ून लेने नहीं
ख़ून देने आया हूँ"*

कितना सूखा चेहरा है
कितना जर्द
आँखें धँसी
हड्डियाँ गालों की उभरी हुईं

दीन-ईमान बहुत बाद में
पहले बेच देते हैं
लोग अपना ख़ून
अपनी किडनी

बाज़ार वहाँ भी है
जहाँ दिखाई नहीं देता

लोग जी सकते हैं
कम ख़ून में
एक किडनी में

परात भर लाई से

---

*बांग्ला कवि लखन चन्द्र मल्लिक की पंक्ति।

एक मुट्ठी दान
फूल भरे उपवन से
पाँच फूल दान

"मैं ख़ून लेने नहीं
ख़ून देने आया हूँ।"

वन में बारिश

कभी आगे बढ़ता हूँ
कभी हटता हूँ पीछे
क्या घूमता है ख़ून में मेरे
लोहा
या कोई डर!

वन में बारिश
तिरछी बौछारें
क्या काँपता है झंझा में ऐसे
जीवन
या कोई जड़!

एक आवाज़-सी होती है
उड़ते हैं पंछी
क्या गिरता है टूटकर ऐसे
सपना
या कोई घर!

गाँव : चार कविताएँ
(सन्दर्भ : किसानों की आत्महत्याएँ)

खेतों में

यह क्या बो दिया काल ने
खेतों में
बीजों की जगह

यह कैसा अरण्य सुनसान का
उगा हुआ खेतों में
हवा में
भीगी हुई जड़ों की सुगन्ध नहीं
केवल राख है उड़ती हुई

अब बैल
हुमरते हुए घर नहीं लौटते
अब खेतों से
पंडुकों के गाने की आवाज़ नहीं आती।

घरों के खपरे

घरों के खपरे टूटे हुए हैं
तूमे की नार वहाँ सूखी पड़ी है

लोग थके-थके क़दमों से जाते हैं खेत
और लौट आते हैं

देर तक कोई दिया-बाती नहीं करता
अब कोई नहीं भगाता
दरवाज़े के पास
रोती हुई बिल्लियों को
नींद में गड़ता है दु:स्वप्न का काँटा
और करवट बदलते
बीत जाती है पूरी रात

टूटा हुआ घड़ा है अब उनका समय
पड़ा रहता है तालाब के किनारे
पीपल के पास।

पीपल के पत्ते

गली में धूल उड़ती है
और पीपल के पत्ते

छाया में
हाँफती हुई दोपहर है केवल

कहाँ गये बच्चे और उनके सारे खेल
रेस-टीप, राजा-रानी, गुल्ली-डण्डा,
तिरी-चंगा और अत्ती-पत्ती
देखो तो, सूखी क्यारी में बिना रंग
और गन्ध के ये फूल
किस पवन ने चुरा ली इनकी महक
किस धूप में उड़ गये इनके रंग

अब कोई नहीं दौड़ता-गिरता यहाँ

गली में धूल उड़ती है
और पीपल के पत्ते।

मंजरी की गन्ध

मंजरी की गन्ध ने क़दम नहीं रोके
कोयल की कूक ने ध्यान नहीं बाँटा

फागुन आया भी
तो उड़ते हुए गुलाल के रथ पर
बैठकर नहीं
वह आया खींचते हुए
दुख की खड़खड़िया साइकिल

वसन्त है कि सूखा हुआ पत्ता
खड़खड़ बजता
टहनी में

द्वार खोलते ही आँख में
पड़ गयी धूल
पाँव रखते ही खेत में
गड़ गया काँटा

मंजरी की गन्ध ने क़दम नहीं रोके।

पुराने कपड़ों का बाज़ार

उनके लिए हर जोड़ा नया है
हर रंग चटख़ इस पुराने कपड़ों के बाज़ार में
जो लगता है मुँह अँधेरे उसी जगह
नयी चीज़ों और नये कपड़ों के बाज़ार के
खुलने के बहुत पहले
बहुत दूर से आते हैं यहाँ गाहक
प्राय: पैदल या साइकिल खींचते हुए
या पहली लोकल पकड़कर
मोलभाव करके
जेब के अनुसार ख़रीद लेते हैं कपड़े

कोई जोड़ा ख़रीद लेने के बाद
उनकी ख़ुशी देखते ही बनती है
रंग कुछ उधड़ा हो फिर भी चटख़
तुरपाई कुछ खुली हो फिर भी नया

जैसे अपने पतझड़ को
नये-नये रंगों का वसन्त ओढ़ाते हों।

फागुन

"आम्र वन की गन्ध भारी हो गयी है*"
कौन पुकारता है
रह-रह
क्षितिज के झिलमिल मोड़ से

अभी फागुन कितने पास
परसा फूल का मुकुट पहने

ओ पिक, डंगालों में छुपकर
क्या तुम मुझे बुलाते हो
दिन-रात कूक-कूक!

नगाड़ों और माँदर पर पड़ने वाली थापों
क्या तुम मुझे करते हो विवश
लौटने को
उन्हीं पगडण्डियों में
जिन पर गिरा है गुलाल
मत्त देहों के मस्तकों
और कपोलों से झड़कर!

---

* "मंजरी की गन्ध भारी हो गयी है"–अज्ञेय

हवा का देश

एक

यहाँ कितनी हवा है, तेज़
गोल-गोल
घूमता है पत्ता चक्रवात में

सब कुछ कितनी तेज़ी से
उड़ता चला जाता है
सूखा पत्ता, फूल, काग़ज़
दिन, संध्याएँ, रातें और रंग
सपना, वसन्त और प्रेम–सब कुछ
गोल-गोल घूमता है भँवर में

कितने ऊपर तक हिलकोरता है
पवन का समुद्र
आकाश का जहाज़ डगमगाता है
और डूब जाता है।

दो

दिन की नाव में
आकाश का पाल फड़फड़ा रहा है

साँझ के तट पर

रंगों की कलसी
उलट गयी है

रात की लालटेन में
चाँद का काँच
तड़क गया है

यहाँ कितनी हवा है, तेज़।

तीन

पवन के चाक पर
दिन का घड़ा घूमता है

खिड़कियों के पल्ले भड़भड़ाते रहते हैं
और ऋतुएँ बिन दस्तक
भीतर चली आती हैं–
तिरछी बौछारों वाला भादों
मद्धम आँच वाला बैसाख
और ओस के
उजले दर्पण वाला अगहन

वसन्त आता है धरती के प्रेम की तरह

प्रेम के चाक पर
हृदय का घड़ा घूमता है।

चार

पानी के धागे में धूप के फूल गुँथे हैं
कातिक की ओस को
अपनी पंखुड़ियों में छुपाये हुए

इनकी पंखुड़ियाँ
टूटकर उड़ती हैं
नाचती हुईं गोल-गोल
जैसे करती हों परिक्रमा
काल के प्राचीन गर्भ गृह की।

पाँच

पंछी केवल पंख खोल देते हैं
जहाँ तक जाती हैं हवाएँ
उड़ान उनकी वहाँ तक

इतनी तेज़ हवा में
वे बसेरा नहीं कर सकते कहीं
उन्हें घोंसला नहीं बाँधने देता
हवा का यह देश

ऋतुएँ उनका घोंसला बनायेंगी
किरण के तिनकों से
दिन के तरु पर
जब साँझ का रंग गिरेगा।

साँझ

दिन के उजले दर्पण पर
फैल गयी है साँझ की स्याही
तारों के पारिजात-फूलों से
आकाश का कटोरा
भर गया है।

अधबना घर

द्वार पर आम के पत्तों का तोरण सजा है
पत्ते अब सूख चुके हैं
हवा चलने पर बजते हैं

इस अधबने घर को छोड़कर
बहुत दूर चले गये हैं इसके आधे जन
फिर भी यहाँ दिया बाती होती है
हवा में नीम के सफ़ेद
और गुलमोहर के लाल फूल झड़ते हैं

झड़े हुए फूलों में
छुपा रहता है काँटा
चलते-चलते अचानक गड़ता है

एक चिट्ठी आती है
और आँगन में पड़ी रह जाती है
एक फ़ोन देर तक बजता रहता है

सपनों ने
इस घर की नींद को मथा है
इस घर के जल में उषा का अबीर पड़ा है
और साँझ का रंग

आधी रात को कोई पक्षी बोलता है
तो सब उठकर बैठ जाते हैं
खो चुकी पदचापों
और दस्तकों की
प्रतीक्षा करता रहता है यह घर

इस घर के कुएँ में
अब भी बचा है पानी ठण्डा और मीठा
लेकिन किसी बाल्टी के गिरने की आवाज़
अब वहाँ सुनाई नहीं देती

दुख ने इस घर की हवा को मथा है।

खुली आधी पीठ

धूप की ताँबई इबारतें
वहाँ पढ़ी जा सकती हैं
मूँगफली बेचने वाली बूढ़ी माँ की
उस खुली आधी पीठ पर

कुछ बोझ उस पर ढोये गये होंगे
कुछ बच्चे उस पर लदकर
बड़े हुए होंगे
पीठ पर भी पड़ती हैं
दुर्दिनों की झुर्रियाँ
अगर वह खुली हो संसार की धूप में

नहीं, वहाँ कोई नग्नता नहीं है
वह एक प्रतिमा की पीठ है
जिसके लिए कोई देवालय नहीं है

किसी उन्नत देव-प्रतिमा से पहले
समय की मार से
झुकी हुई
इस पीठ को प्रणाम करो

भूख और समय की चाबुक
दिखाई नहीं देती

बस उनकी मार पता चलती है
और सैकड़ों पीठें
इसी तरह झुक जाती हैं

तुम ख़ुशक़िस्मत हो
कि यह तुम्हारी पीठ नहीं है

सैकड़ों खुली पीठें झुकी हुई हैं
केवल इसीलिए
तनी है तुम्हारी पीठ
केवल इसीलिए ढँकी है तुम्हारी पीठ।

जोड़ा तालाब

जुड़वाँ ज्यों दो बहनें बिल्कुल अगल-बग़ल
धरती की दो आँखें कितनी सजल-सजल
रगबग-रगबग पानी यह, कलबल-कलबल
लहर-लहर में धूप, तितली कँवल-कँवल
सपनों जैसे पेड़
छांह गहरी शीतल
ये कौन बटोही आया है मीलों चलकर
सुख में मिलता है दुख का लोहा गलकर।

लोरी

कोई सोया है इस तरह
फ़ुटपाथ पर बिछाकर पुराना अख़बार
सिरहाने रखकर पानी की बोतल
जैसे सोता हो कोई घर में निश्चिन्त
लोग गुज़र रहे हैं उसकी बगल से
गुज़र रही हैं तेज गाड़ियाँ हॉर्न बजातीं

कोलाहल के अशान्त समुद्र में
नींद की डोंगी में निश्चिन्त वह
अपने तट से कितनी दूर

और सपनों का पाल फड़फड़ाता हुआ

कौन है वह
पहुँचा हुआ इस नयी सभ्यता में
अपनी प्राचीन भूख और प्यास के साथ?

इस पस्त और पराजित मनुष्य के लिए
कोई लोरी
बचा कर रखी नहीं हमने

मछली जल में सोयी है
तारा आकाश में

फूल सोया है टहनी में अपनी
आदमी सोया है फ़ुटपाथ में

हवा माँ की तरह हींड़ती आती है
कि कम से कम
एक लोरी तो हो
जो फ़ुटपाथ को पालने में बदल दे।

साबुत

एक तरफ़ की दीवाल गिर गयी थी
अब वहाँ हवा की दीवाल थी
जो दिखाई नहीं देती थी; पर थी

कभी-कभी दिन में धूप की दीवाल थी
रात में अँधेरे की दीवाल
बारिश में खड़ी हो जाती थी
पानी की दीवाल

कुछ भी सार्वजनिक नहीं था
उस घर का अब भी
न प्रेम न ग़ुस्सा
सब कुछ उतना ही निजी जितना पहले
एल्युमीनियम की डेकची में
पकने वाला अन्न निजी था
केवल उसकी खदबदाहट सार्वजनिक थी

एक पुरुष थक कर टिकाता था अपनी पीठ
उस दीवाल से जो गिर गयी थी
एक स्त्री हताशा में
उससे लिपट कर रोती थी

जैसे वह दीवाल नहीं
उसके बाबुल का सीना हो

एक तरफ़ की दीवाल गिर गयी थी
फिर भी घर था
और साबुत था।

पत्थर की आँख

पत्थर की आँख
न हँसती है
न रोती है
केवल अदेखे को देखने की
माया रचती है

न जल उमड़ता है
पत्थर की आँख में
न क्रोध की रक्तिम डोर
वहाँ दिखती है

हत्या होती है पत्थर की आँख के सामने
दंगे, आगजनी, राहजनी
वह चुप रहती है

इस क्रूरतम समय का
न्यायविद् है धृतराष्ट्र
पत्थर है उसकी आँख।

पीपल के पत्ते

अँधेरे में पीपल के पत्ते
इस तरह बजते हैं
जैसे वे बचपन के भुला दिये गये वाद्य हों
पुराने घर के बन्द कमरे में पड़े पखावज की तरह
नदी किनारे झरबेरियों में फेंक दी गयीं
बचपन की बाँसुरियों के सुषुप्त स्वरों की तरह

जैसे कह रहे हों कि जिस भोर में
दमकते हैं तुम्हारे चेहरे
उसे हमीं लाये थे तुम तक।

कालाहांडी

कौन हो तुम इस टीकाटीक दोपहर में
कौन देश-धाम से आये
इस विपद वेला में यहाँ
कि घर में अनाज का एक दाना नहीं कहीं
लोटा भर जल
और गुड़ की भेली भी कठिन ओ पाहुने

नदी में एक बूँद जल नहीं कहीं
दिन है कि ख़ाली खलिहान
कट-कट कर गिरते हैं रूख
यहाँ रोज़ चलती है भूख की आरी
यहाँ राख हो चुका है समय
कभी कोई चिट्ठी नहीं आती!
बस बम्बरी के सूखे फल
कभी-कभी बजे उठते हैं सुनसान में

जहाँ तुम खड़े हो—वह जनपद है यह
उम्मीद पुरानी रोटी सी भुरभुराकर
जहाँ टूटने लगती है

कौन तोड़ता है सोने की थाली में
रोटी कालाहांडी की
कौन पीता है जल कालाहांडी का

चाँदी के गिलास में
किसकी आदमख़ोर भूख माँगती है
लहू यहाँ के मानुष का

टीकाटीक दोपहर में
फूल नहीं, सपना मुरझाता है
कालाहांडी का

हम आदि वासी
अपने पहाड़ों से माफ़ी माँगते हैं
माफ़ी माँगते हैं जंगल से
सूखी हुई नदी से
अपने मिट्टी के घरों से माफ़ी माँगते हैं
और चले जाते हैं कहीं दूर
किसी महानगर में मरने-खपने

फिर कई-कई दिनों तक
कालाहांडी में
गरम धूल
उड़ती रहती है

जा चुके लोगों की खोज में
गरम धूल।

पैदल पुल*

बाँस का यह पुल
धीरे-धीरे हवा में हिलता हुआ

बँधे हुए बाँसों के बीच से
नदी का बहता हुआ जल दिखता है
लाल है इस नदी का जल
लौह-खदान को जो पार करके आती है

बहते हुए जल को
बहते हुए लहू की तरह देखता हूँ
आदमी की धमनियों में
बहने वाले लहू को
आदमी के सीने में बने गोली के सूराख़ से
फूटते हुए देखता हूँ

हिलता हुआ हमारे समय का पुल
बहते हुए लहू के दर्द में सिहरता है

लहू जो प्यार और वसन्त से
मिलकर बनता है
रोटी, नमक और प्याज़
जिसे और सुर्ख़ करते हैं।

* दन्तेवाड़ा (बस्तर)–डंकिनी-शंखिनी नदी के तट से लौटकर।

अनाज गोदाम के मार्ग से दाने चुनती स्त्रियाँ

जो गोदाम में है
वह उनके लिए नहीं

वे दाने नहीं, सुख चुनती हैं
दुख को
कंकड़ों की तरह फेंकती हैं दूर

वे भूख के जाल में फँसी हुईं
मछलियाँ हैं
बाहर आने का प्रयत्न करती हुईं

देखो, उनका जीवट कि वे ज़िन्दा हैं
देखो, उनका धैर्य सुबह से शाम तक
देखो, एक-एक दाने चुनने का
उनका कौशल
जो तुम्हारी थाली में परोसा गया
वह उनके लिए नहीं

वे पक्षी नहीं हैं
पर पक्षियों की तरह टिका है उनका जीवन
गिरे हुए
और बचे हुए अन्न पर
तेज़ वाहनों के बीच

वे सड़क की एक तरफ़ से दूसरी तरफ़
दौड़ती रहती हैं
सूपा और झाड़ू लिये
जो भोज का व्यंजन है
वह उनके लिए नहीं

फट गयी हैं उनकी साड़ियाँ
लट गये हैं उनके बाल
बिवाइयों वाले उनके पाँव में
चप्पलें नहीं हैं
कभी-कभी वे खाँसती हैं बेदम
एक किनारे बैठकर
सुस्ताती हैं कुछ देर
उनके बच्चे उनकी राह तकते हैं
एक जून का अनाज
आँचल में बाँधकर वे लौटती हैं उछाह से
भूख के शत्रु को पछाड़ती हुईं

वे कल के बारे में कुछ नहीं बोलतीं
वे कल के बारे में कुछ नहीं सोचतीं
वे जीती हैं बस आज का जीवन
कल उगने वाला सूरज
उनके लिए नहीं।

ताक़त

रात भर जो नींद से ताक़त बनी
वह सुबह तैयार होने में ही ख़र्च हो गयी
अब यह जो दिन का मैदान है
उसे कैसे पार किया जाये

उधर ढलान पर बेर पक गये हैं
कम से कम इतनी ताक़त तो हो
कि उन तक पहुँच सकूँ

मैं जूते के फीते बाँधता हूँ
मरना बिना ताक़त हो जाता है संसार में
जीने के लिए लगती है बहुत-बहुत ताक़त।

दीघा : छह कविताएँ

एक

यह रास्ता समुद्र को जाता है
यह रास्ता भी समुद्र को जाता हैं
वह रास्ता समुद्र को नहीं जाता
लेकिन आगे मुड़कर
वह भी उसी रास्ते में मिलता है
जो समुद्र को जाता है

समुद्र से बचना यहाँ सम्भव नहीं
समुद्र तुम्हें घेर लेता है
कि पोखर हो गये हो तुम जाने कब से
काला पड़ चुका है तुम्हारा जल

अपने पोखरपन से घबराकर मैं भागता हूँ
लेकिन जिस भी रास्ते पर क़दम रखता हूँ
वह समुद्र को जाता है
समुद्र से बचना यहाँ सम्भव नहीं।

दो

धरती गाती है यहाँ–समुद्र
पक्षी गाते हैं
आकाशमणि, केजोरिना और पेड़ नारियल के

गाते हैं–समुद्र
चट्टानें तट की और रेत गाती है–समुद्र

हमें याद आता है यहाँ अपना पत्थर होना
कब से कोई लहर दौड़ती हुई नहीं आयी
कब से हम समुद्र नहीं हुए।

तीन

समुद्र में नमक है
हमारे रक्त और पसीने और आँसू में नमक
समुद्र से हमारा नमक का रिश्ता है
हम समुद्र को भूल नहीं सकते
हमने समुद्र का नमक खाया है।

चार

कौन गाँव से आये हो तुम
नगर, सूबा, देश कौन–सा?
तुम्हारा कौन समुद्र?
हवा आती है हींड़ती हुई
कैसे मनुख हो तुम
किसका नमक खाया तुमने
कि तुम्हारा कोई समुद्र नहीं!

पाँच

हवा की भाषा में बोलता है समुद्र
हवा समुद्र की भाषा है

यहाँ रस्सियों पर सूखते कपड़े
पताकाओं की तरह फहरते हैं

और तट पर बँधी नाव की तरह
दिन-रात
हिलता रहता है यह नगर।

छह

नदियाँ उसमें गिरती हैं
वह कहीं नहीं गिरता
कहीं नहीं गिरने के कारण वह; समुद्र है।

घर का खेल

एक

जहाँ घर था वहाँ से
छोड़कर सब कुछ
हम चले आये यहाँ
जहाँ कोई घर नहीं था

हम भटकते रहे
किसी और घर के भीतर
उसी घर की खोज में।

दो

चौखट पर आम के पत्तों का तोरण
कोरी दीवार पर हल्दी वाले हाथों की छाप
देवों की स्तुति
और गृह प्रवेश
हम बनाते रहे सबका घर
और हमारा घर बारिश में ढह गया

बनाते हुए सब का घर
मन ही मन अपना भी
बसाते रहे हम–यहाँ चौका, वहाँ बैठक
घर का खेल कभी ख़त्म नहीं होता।

तीन

घर का खेल खेलते हुए
हम बहुत दूर निकल आये घर से
और भूल गये अपना घर

किसी और घर के सामने पहुँचकर
हम पुकारते हैं–दरवाज़ा खोलो
और वहाँ भी भीतर से माँ की आवाज़
आती है कि आ जाओ
दरवाज़ा खुला है।

चार

ईशान में देव और जल की जगह
नैऋत्य में धन की
वायव्य में पवन के लिए मार्ग छोड़कर
और आग्नेय में चौके की पवित्र अग्नि के लिए
वास्तु के दोष से बचते हुए
हम बनाते हैं एक घर

मगर मार्ग उस तक पहुँचने का लम्बा इतना
कि कभी वहाँ तक पहुँच नहीं पाते।

पाँच

घर के खेल में हारे हुए खिलाड़ियों को
घर सबसे आत्मीय जगह देता है
विजेता तो बाहर निकल जाते हैं।

छह

घर का खेल खेलते हुए
हम बड़े हुए
और जाना कि घर कभी कोई खेल नहीं था।

गाँव का घर

वहाँ बस झींगुरों की आवाज़ें थीं
जिनके बीच
माँ के एक-दो वाक्य सुनाई पड़ते थे
जिनके उत्तर में
हम में से कोई
हाँ या ना कह देता था

बड़े कमरे का दर्पण बहुत पुराना था
अब उसमें समय की नयी खरोंचें थीं
वह बीचों-बीच चटख गया था
और धूल साफ़ करते समय हाथ
प्राय: कट जाता था
फिर वह ऐसे ही छोड़ दिया गया
धूल-धूसरित
ख़ुद को भी पहचान पाना उसमें
अब कुछ कठिन था

जामुन के पके काले फल
हवा चलने पर गिरते
तो उनसे आँगन भर जाता था
हम उन्हें बचाते हुए चलते थे

जो लोग चले गये थे
उनकी चप्पलें अभी भी
घर के एक कोने में पड़ी हुई थीं
बहन झाड़ू लगाते समय भी
उन्हें छूती नहीं थी
माँ कभी-कभी उनकी धूल साफ़
कर देती थी
वे लगातार प्रतीक्षा किये जाती थीं
उन चप्पलों का धैर्य कभी टूटता नहीं था

रोटियाँ सेंकते समय
माँ की उँगलियाँ अक्सर जल जाती थीं
पर यह उसके भीतर की आग थी
जिसकी लपट
सहसा ऊपर उठ आती थी

इस बार फागुन में आओगे?
मैं सामान बाँधता तो माँ पूछती
मैं मुश्किल में पड़ जाता
कहता–नहीं
मेरी ना को वह हाँ की तरह सुनती
कहती–ठीक है
तुम्हारी पसन्द की बड़ियाँ बनाकर रखूँगी

भाई जाने क्या सोचता रहता
और उसकी चाय पर
पपड़ी पड़ जाती

बड़ी कभी जब शहर से आती
तो छोटी की चहक बढ़ जाती

दोनों बहनें बखरी में
माँ की पूजा के लिए फूल चुनतीं

माँ सुई में धागा नहीं डाल पाती
तो बहन पढ़ना छोड़कर आती

रात में लालटेन जब-तब भभक उठती
मैं पढ़ता कम शब्दों को घूरता अधिक था
जैसे वे शब्द न हों
नक्षत्र हों अन्तरिक्ष के
या बिसरे हुए प्रिय जन
पहचान में न आते-से

पिता की तस्वीर पर चढ़ी माला के फूल
कभी के सूख चुके थे
हम खाना खाने बैठते
तो उनकी सूखी हुई पंखुड़ियाँ
टूट-टूटकर हम पर गिरती रहतीं

गाँव का घर
बनते-बनते अधूरा छूट गया था
जैसे अधूरा स्वप्न हो
जिसके पूरा होने से पहले
टूट गयी थी नींद
अब इसे पूरा करने में
किसी की दिलचस्पी न थी

बाहर बारिश होती रहती
हवा तेज़ चलती
तो खिड़कियों के पल्ले भड़भड़ाते

लालटेन भभककर बुझ जाती
हम कमरे में चमकते जुगनुओं को देखते
देर तक बैठे रहते
बिना कुछ कहे किसी से

तब केवल झींगुरों की आवाज़ें सुनाई देती थीं
जैसे अब वह हमारा नहीं
झींगुरों का घर हो।

अट्ठारह छोटी कविताएँ

बाहर-भीतर

फूलों से भरा है घर
काँटों से मन
कनकी गेंदा, चंऊर गेंदा, चंदैनी गेंदा
बोइर काँटा, बम्बरी काँटा, मोखला काँटा
रोशनी से भरा है आकाश
भीतर उतरती है रात।

कुआँ

एक पुराने कुएँ में झाँकता हूँ
तो बचपन का चेहरा दिखायी देता है
गिरी हुई बाल्टी को निकालने
काँटा डालता हूँ
तो बाहर आता है फूल काँस का लोटा
कितने बरस बाद
मेरी प्यास अब भी उसे पहचान गयी।

इन्तज़ार

आधी रात से ऊपर का समय
ओस में भीग गयी है घास

लालटेन की मटमैली रोशनी में खाना बनाकर
जाग रही है भूखी बहना
परदेशी भैया के इन्तज़ार में।

भूल

कँटीली भसकटिया पर डाल दिया था भूलवश
मैंने अपना दुशाला धोकर सूखने को
अब दोपहर भर बैठकर
चुनते रहना है मुझे नन्हे काँटों को।

खुला घर

खुला है घर आधी रात को
भला किसका है डर गाँव में
चाँद है सिपाही और तारे पहरेदार।

आ जाओ

पक गये हैं बेर पीले-लाल
पके बेर के रंग वाली यह धरती
पुकारती है कि आ जाओ
ओ मेरी प्यारी चिड़ियो!

इच्छा

काग़ज़ कोरा है और आकाश
क्या करूँ कि छप जाये
मूँगे के रंग में प्यार भरा दिल।

खिलो

हरी हैं वादियाँ सफ़ेद हैं कोहरे
गर्म है साँस की भाप
अब तो खिलो
लाल-लाल किरणों की पंखुड़ियों वाले ओ सूर्य!

वन तुलसी

वन तुलसी से पूछो
वह उगी है यहाँ क्यों इस निर्जन में
अब कोई कैसे चढ़ाये
भोग के नवान्न में
तुम्हारी पत्तियाँ!

फूल चुहकी*

बैंजनी फूलों के बीच
वहाँ पत्तों में छुपी है तू
ओ नन्ही चिरई फूल चुहकी
बिन हवा के हिलते हैं पत्ते तो समझ जाता हूँ
कि तू वहाँ है।

उपहार

मैं तो बैठा हूँ भरी दोपहर
इस छाया में
ओ नटखट तोते
लाल अन्तस वाला यह अधखाया अमरूद
गिराया है क्या तूने मेरे लिए?

* कवि विजेन्द्र की एक कविता का सन्दर्भ। आभार।

घर

घरों में पड़ जाती हैं दरारें
यदि वे बने हों कन्हार मिट्टी में
प्यार की मिट्टी में
बनेगा हमारे हृदय का घर
कभी उसमें पड़ेगी नहीं दरार।

चेहरा

रंग मेरा पड़ गया है साँवला
आँखें मेरी हो गयी हैं भूरी
कहता है दर्पण
कि कुछ-कुछ पिता की तरह दिखने लगा है
अब तुम्हारा चेहरा।

विदाई

झुकता हूँ माँ के पाँवों में
तो दिखाई देती है धरती
मैं आऊँगा फिर से ओ मेरी माँ
मैं लौटूँगा फिर से ओ मेरी धरती।

साथ

दसमत के फूल पर बैठती है तितली
करने को अपने दिन का कलेवा
दोपहर के भोजन के लिए
मैं उखाड़ता हूँ गाजर खेत की क्यारी से
धन्यवाद ओ तितली, तुमने भोजन में दिया मेरा साथ।

सुन्दर

कम गया भोजन तो मठरी को खा लिया
कम गयी मठरी तो छाछ को पी लिया
भूख ने स्वादिष्ट बना दिया हर व्यंजन को
हर हृदय को प्यार ने बना दिया सुन्दर।

भरोसा

पत्तियाँ गिरती हैं पेड़ नहीं गिरता
नदियाँ सूखती हैं समुद्र नहीं सूखता
सूर्य डूबता है आकाश नहीं डूबता।

चबूतरा*

गीली मिट्टी में छोटे-छोटे पत्थरों को जमाकर
तुमने बनाया है चबूतरा
मेरे बैठने के लिए
मेरे अचानक पहुँचने पर
तुम मुझे देखकर मुस्कुराती हो!

* अम्मा (दादी) की एक स्मृति को समर्पित।

आम का बग़ीचा

ज़मींदारी राज का आख़िरी वैभव उजड़ता हुआ
आम का यह बग़ीचा
हर बारिश में गिर जाते हैं कुछ पेड़
हर बरस कम होती जाती है मिट्टी की उर्वरता
हर बरस कुछ कम फल आते हैं

सूख-सूखकर गिरती जाती हैं इसकी टहनियाँ
लकड़ी बीनने आयी स्त्रियाँ जिन्हें बीन कर
ले जाती हैं

चैत-बैशाख की लम्बी दोपहरी में
राहगीर सुस्ताते हैं इसकी छाया में

यहाँ पत्तों में छुपकर पकते हैं देशी आम
और बाज़ार में पहुँचने से बहुत पहले
धप्प से गिर पड़ते हैं हवा के छूते ही।

खँडहर में घर

खँडहर में वे आये रहने को
खँडहर में उन्होंने लिया आश्रय
उनकी गिरस्ती में
मिट्टी का तेल था एक बोतल में
और दियासलाई की एक डिब्बी
उन्होंने जंगल से लकड़ियाँ चुनीं
और चूल्हा जलाया
मिट्टी के काले घड़े में
पास के कुएँ से वे जल भर लाये
फिर डेकची में खदबदाने लगा अन्न
उन्होंने सूखे पत्तों को बुहारा
और चटाई बिछाई
सामने के तालाब में गन्दे कपड़े निखारे
और उन्हें झाड़ियों पर सूखने फैला दिया
उनके बच्चे एक झाड़ी से
दूसरी झाड़ी तक
तितलियाँ पकड़ने दौड़ते थे

अब खँडहर में उनका घर था
लेकिन उनका घर खँडहर नहीं था
खँडहर नहीं थे उनके सपने

उनकी नींद में सदा सुहागिन के
फूल खिलते थे

केवल जगह खँडहर थी
उनका प्रेम खँडहर नहीं था।

ओ काली चींटियो

ओ नन्ही-मुन्नी काली चींटियो, जाओ
मेरे बिस्तर पर घुड़दौड़ मत लगाओ
थका हूँ मैं
जागा हूँ रात भर

लम्बे-लम्बे वाक्यों के अरण्य में
आखेटक की तरह भटका हूँ
कविता-मृग के पीछे
और लौटा ख़ाली हाथ
टेढ़े-मेढ़े रास्तों पर भटककर

मुझे अब सोने दो

तुम भी कहीं जाकर सो जाओ
किसी घास की जड़ से लिपटकर
उसकी पत्तियों की छाया में
टीकाटीक दोपहर में भी
जहाँ ठण्डा और सघन हो अन्धकार

मिश्री नहीं हूँ मैं
कुम्भ हूँ
विष से भरा

मैंने बहा दिया है उन फूलों को
वक़्त की तीखी धार में
जिनकी महक से खिंचकर
तुम सब यहाँ तक आयी हो।

दतैया का घर

इस पुराने स्टूल के काठ में
नीचे जो छेद है
वहाँ दतैया ने बनाया है घर

अपने नहीं, जैसे मैं
दतैया के घर में रहकर लिखता हूँ
बाहर वन में घूमकर वह लौटती है
कुछ देर मेरे वाक्यों और शब्दों पर
मँडराती है
फिर घुस जाती है अपने घर में
हम दोनों
भंग नहीं करते एक दूसरे की शान्ति
कोई गुप्त समझौता हो जैसे

हर रात फूलों की तरह
कुम्हला जाते हैं मेरे शब्द
हर शाम बाहर के संसार से
लुट-पिटकर लौटते हैं मेरे वाक्य

ओ दतैया
तुम दे दो अपना डंक मेरे वाक्यों को
मेरे शब्दों को दे दो अपना विष।

मतदान

लोग झण्डे लिये घूम रहे हैं और बन्दूक़
नारों से बिंध गयी हैं सड़कें
जीत क्या इतनी आसान है!

पड़े हैं आज भी हार गये सम्राटों के
मुकुट भू लुन्ठित
तटों से आकर सटने लगी हैं
कितनी नावें

अब समय बतायेगा
कौन सी नाव है छप्पन छेदों वाली
कौन सी पहुँचायेगी पार

नहीं, जनता भेड़ नहीं
कि तुम हाँक लो चाहे जिधर
आकाश है वह
लौटा देगी पत्थरों को
केवल तारों को सजा लेगी
अपनी थाल में

जनता तुम्हें देगी नहीं अपना मत
बल्कि दान करेगी जीत
इस जीत को

अपने मुकुट में सजाकर रखना
जैसे शिरीष का फूल
इस तरह
तुम पगडण्डियों की धूल को याद रखोगे
गुज़रते हुए राजपथ से।

घुटनों तक पानी में

(खण्ड-दो)

एक ठोकर भूख की
दूसरी अपमान की
एक मार धोखे की
दूसरी अकाल की
एक चाबुक धूप की
दूसरी बौछार की
एक दुख
दो दुख
तीन दुख
तुम गिन नहीं सकते।

लुवाई के दिन

ये दिन लुवाई के

भरी-भरी बैलगाड़ी
तपे सोने-सा रंग
धान का
धरती हुई फिर अन्नपूर्णा
गोबर लिपे कोठार में
जलता दिया
स्वागत नवान्न का
रंग सुआपंखी हुआ ममतालु धूप का

पके दाड़िम-सा सुर्ख़
लाल
फट पड़ा है
मन किसान का।

पारदर्शी जल

मुरुम वाली ज़मीन
पारदर्शी जल तालाब का

तल में पड़ी
किसी ग्रामीण बाला की
अँगूठी पीतल की
दिखती है
गिरी होगी नहाते समय

झुण्ड एक मोंगरी मछलियों का
कत्थई झालर हिलाता
गुज़र जाता है

हम बटोही घाट तक आये
धोने हाथ-मुँह
सुस्ताने घड़ी-भर
तट पर पंक्ति बद्ध वृक्ष

हवा चलती है
जाड़ों की दोपहर की
जब-तब चू पड़ते हैं जल में
शिरीष के फूल
मादक।

फूल जोगिया

खेतों में, क्यारी में, बाड़ी में
दृष्टि जाती है जहाँ तक
                दीख पड़ते
                फूल
                जोगिया
                कनकाम्बरम के
एक फूल से पुण्य एक मासे सोने का
        मिलेगा कातिक में
        शिवजी को चढ़ाने से
                मुँह अँधेरे
या गूँथ लिये जायेंगे ये वेणी में
        लड़कियाँ आती हैं झुण्ड की झुण्ड
        इन्हें तोड़ने
क्या उनके मन में
        राम जाने।

दिया-बाती के बेर

ये दिन कठिन पहाड़ से
लाँघे नहीं लँघते
रामफल के झाड़ में
बोलता कौवा

तुम उड़ जाओ
गर कोई आने वाला हो
वह उड़ गया
उम्मीद का कंकड़ गिरा
हुलस उठा जल मन का
क्या पाहुन आयेंगे
भोर के निकले
अब दिन ढले
दिया-बाती के बेर!

कातिक की भोर

भोर के कोहरे में
डूबे हुए खेत
        कट चुका है धान
ओस में चमकती हैं
        धान की
        भीगी जड़ें
हरी भीगी घास पर ठिठुरते पाँव
        सारस के
        डैनों-सी खुलती
कातिक की यह भोर
        आकाश में।

अनगिन

दसमत फूल बखरी में
खोखमा तालाब में
झाईं और फुड़हल पठार में
क्यारी में गेंदे के फूल
एक फूल
दो फूल
तीन फूल
तुम गिन नहीं सकते

जल बहता समय का
फूल झरता साँस का
एक साँस
दो साँस
तीन साँस
तुम गिन नहीं सकते

एक ठोकर भूख की
दूसरी अपमान की
एक मार धोखे की
दूसरी अकाल की
एक चाबुक धूप की
दूसरी बौछार की

एक दुख
दो दुख
तीन दुख
तुम गिन नहीं सकते।

घुटनों तक पानी में

घुटनों तक पानी में
खड़ी हुई
वह बूढ़ी माँ गाँव की
तोड़ रही चुनचुनिया भाजी
तीन पत्ते नन्हे
कुछ चौकोर-से
तैरते जल में ऊपर
और तन्तु उनका
जल के भीतर
माटी में कहीं मूल उसका
कितना श्रम
और कितना धीरज
खड़ी हुई है
जाने कब से
पत्ती-पत्ती चुनकर
डालती जाती
आँचल में
बेच आयेगी
गाँव के हाट में
दो-चार रुपयों में
ख़रीद लायेगी

सामान कोई
रसोई का
नमक
तेल या हल्दी।

फूल बुलाता जल के भीतर

फूल बुलाता जल के भीतर
रोक लेता रास्ता
आँख पड़ते ही
ठिठक जाते पाँव
और तुम जूते उतारकर
वहीं तट पर
उतर जाते जल में
फूल वह पानी का
सुर्ख़
लाल
मायावी
पहुँचते ही उस तक हाथ
वह खिसक जाता
भीतर
और गहरे जल में

पानी घुटनों से
रानों तक
फिर छाती तक

यहीं, जल-समाधि
न हो जाये प्रभु

नहीं कोई साक्ष्य
        निर्जन
दोपहरी में
        सिवा जूतों के
तट पर पड़े रहेंगे वे
मेरी प्रतीक्षा में

देखते एक-दूसरे को
        कि मैं कब लौटूँगा
कितने उदास
        और अकेले-से
तट पर वे जूते मेरे, बेचारे।

---

* एक छत्तीसगढ़ी लोक कथा का हल्का-सा सन्दर्भ।
अन्तिम पंक्तियों में जापानी सन्त कवि रियोकान का प्रभाव। आभार।

धूप गाढ़ी हो गयी है

धूप गाढ़ी हो गयी है
लाल होकर झड़ रहे
बादाम के पत्ते
पके महुए
से
गमकता वन
खेत सूने
बोलता पण्डुक
हवा लायी आम्र वन की गन्ध
बौरों से चुराकर
दिन नशीले हो गये फिर
झप
रही
है
दोपहर की आँख।

पक रहा है शहद

पक रहा है शहद
छत्ते में
वृक्ष की अन्तिम शिखा पर
तीखे डंक खोले
घूमती मधुमक्खियाँ
हैं
आक्रामक प्रहरी
लँगोट पहने घूमते हैं
पर्वतों के पुत्र
मधु
की
खोज में
वृक्ष के नीचे जलाकर सूखी लकड़ियाँ
और पत्ते
रचेंगे वे धुएँ का व्यूह
और भर लेंगे
घड़े में
शहद मीठा
प्राण की बाज़ी लगाकर।

खेत सूने पड़ गये हैं

खेत सूने पड़ गये हैं
वीतरागी के हृदय ज्यों
नहीं कोई राग बाक़ी
अन्न ही तो सम्पदा थी
कट चुका है
धान अब तो
जेठ की ख़ाली दोपहर
चिरई-चुरगुन चुप हुए सब
गर्म हवा
बोलती है
डोलती है
विरहिणी-सी
ढोर-डांगर घूमते हैं
तृण हरा कोई ढूँढ़ते हैं
अन्न
ज्यों
पाहुन
चले गये
अब क्या निकलेंगे निकाले
स्मृति के ढेर काँटे
टूटकर जो गड़ गये हैं
नहीं कोई राग बाक़ी।

शिखर तक तीखी चढ़ाई

शिखर तक तीखी चढ़ाई
और ऊपर
भील का घर
ताड़ पत्तों से बना जो
एक खटिया
झिलंगी-सी
बाहर पड़ी दिखती है
कन्दील टहनी में टँगी है
वहीं
पालने में साड़ी के
भील बालक
सो रहा है
मुर्ग़ियाँ कुछ चुग रही हैं
पत्तियाँ टूँगती हुईं
बकरियाँ ढलान पर
नीचे नदी से
घड़ा भरकर
वह बहुत काली भीलनी
तर
पसीने में

मगर फिर भी रूपसी-सी
हाँफती हुई
        चढ़ रही है
                शिखर तक
तीखी चढ़ाई।

लाल यह बादाम का वन

लाल यह बादाम का वन
                    और निर्जन तट समुद्री
वसन्त
        चुपके
                    आ गया है
रंगों की कूची लिये फिर
                    रात भर में
                    रंग
                    गये हैं
                    वृक्ष के पत्ते सभी ये
देखो उधर
        ऊँची लहर पर
                    डोंगी मछेरों की चढ़ी वो
देखो इधर
        फुनगियों के
                    तोरण हवा में हिल रहे हैं
सुनो
        पंछी
                    बोलता है।

बह रहा है दाहरा

लहस गयीं
भूमि पर
आँवले की फल भरी डगालियाँ
और झर-झर
बीच वन में
बह रहा है
दाहरा यह
पत्थरों की
कोख से
फूटकर बाहर
पथिक झुककर
पी रहा जल।

युद्ध और शान्ति

(खण्ड–तीन)

समुद्र बदल देता है
नदी का प्रवाह
युद्ध समय का प्रवाह
बदल देता है

युद्ध और शान्ति

समुद्र बदल देता है
नदी का प्रवाह
युद्ध समय का प्रवाह
बदल देता है

चिड़िया का पंख
काटता है हवा को
और उड़ान के लिए बनाता है जगह
पतवार काटती है जल को
और नाव के लिए
रास्ता बनाती है
तुम काटते हो युद्ध में समय
और साँस लेने की
जगह बनाते हो
हवा में फूल नहीं, बारूद की गन्ध है

कविता का पानी
सभ्यता के पत्थरों को काटता हुआ
बहता है धीरे-धीरे
धीरे-धीरे-धीरे

शब्द संसार के बारे में होते हैं
दुख,पीड़ा और यातना के बारे में

ख़ुशी और वसन्त के बारे में
हारिल पक्षी हैं कवि के शब्द
जो गाते हैं शान्ति के लिए

शान्ति जो बमवर्षक जहाज़ों के
उड़ने से पहले
थी इस धरती पर
थी प्रक्षेपास्त्रों के गिरने से पहले
शान्ति इतनी कि
रात्रि के अन्तिम प्रहर में
तुम सुन सकते थे
समुद्र के साँस लेने की आवाज़

कहाँ उड़ गये इन गुम्बदों के कबूतर
पुराने घरों के बाशिन्दे
कहाँ चले गये सब कुछ छोड़कर
भूमि में बिखरे पड़े हैं उनके दाने
उनके पीने का जल हिलता है हवा में
कहाँ चले गये
शान्ति की खोज में
वे शान्ति कपोत

डोलता रहता है अशान्त जल
इस मन का
व्यग्र, अधीर, बेचैन
और तुम जिसे नींद कहते हो
भ्रम है केवल दृष्टि का
बस मेरी आँखें सोती हैं
लेकिन मेरा हृदय
जागता रहता है दिन-रात

ताकता रहता है अँधेरे में–

अँधेरे में
जहाँ लाशें दफ़न की गयी हैं
एक बेटे की लाश
सुदूर गाँव में
माँ ने जिसके लिए
बनाये हैं पकवान

एक युवक जो सैनिक है
पेट के लिए
किसी देश से जिसकी दुश्मनी नहीं
जो सिर्फ़ मोहरा है
प्यादा शतरंज का
और उसकी माँ
जो हर आहट पर
तेज़ करती है लालटेन की लौ
जिसे हर माह मनीऑर्डर नहीं
बेटे का इन्तज़ार रहता है

नहीं, अभी उस तक
नहीं पहुँची है यह ख़बर
लेकिन उस तक
पहुँच गया है उसका बेटा
आँगन की रातरानी में
जुगनू बनकर चमकता हुआ–
'वैसे तो मैं नहीं आ सका माँ
तो आ गया इस तरह
मैं तुम्हारी नींद
और स्वप्न और रातरानी में

चमकूँगा तो तुम मुझे
पहचान लेना, माँ
वैसे तो मैं नहीं आ सका ...'

यह एक ख़बर है
जिसे पढ़कर सुनाने से
डरता है डाकिया

नहीं, मैं किसी ख़बर पर
यक़ीन नहीं करना चाहता
सिवाय आदमी के
बच जाने की ख़बर के
युद्ध इस समय की
सबसे भयावह ख़बर है
जो धमाकों की भाषा में
सुनाई देती है

बस करो कि केवल ऊपर-ऊपर
कठोर दिखाई देती है यह धरती
भीतर इसके जल है
और कोमलता इतनी कि बीज
आषाढ़ के आगमन तक
लम्बी नींद सोते हैं

जल शान्त रखना चाहता है अपना वेग
कि कट न जाये
मिट्टी तट की
डूब न जाये कोई नाव
हवा मन्द रखना चाहती है
अपनी गति

कि झड़ न जाये
कोई अधखिला फूल
कोई युद्ध नहीं चाहता
तो आख़िर क्यों चल रहा है यह युद्ध?
किसकी इच्छा पर?
किसके लिए?
किसके विरुद्ध?

नफ़रत कभी बड़ी नहीं हो सकती प्यार से
शान्ति से
कभी बड़ा नहीं हो सकता युद्ध
भूख के इस महाद्वीप में शान्ति
चन्द्रमा या गुलाब का नहीं
रोटी का दूसरा नाम है
रोटी जो बनती है उस अन्न से
जिसे तुम
अपने गोदामों में सड़ाते हो
कृषक के उगाने के बावजूद
कृषक की सम्पदा नहीं अन्न
युद्ध का रास्ता
बाज़ार से होकर गुज़रता है
पूँजी है आज
सबसे घातक अस्त्र
जिससे करते हो तुम वध
मेरे ग़रीब देश का

मैं चाहता हूँ एक बार फिर
वे सपने जागें
जो सोये हैं
महासागरों के तल में

धरती की नींद से बहुत दूर
धूप में गर्म होकर
पिघलें हिमशिखर
और धारण करें वसन्त का वस्त्र

कितने वर्ष बीत जाते हैं
एक पेड़ के युवा होने में
तुम जिसे देखते-देखते काट देते हो
आरा मिल में दो फाँक होकर
गिरता है वसन्त
कल जिसे आना था
इस धरती पर

भादों में
जब रात का रंग बैंजनी हो
कभी सुनना बरसते पानी में
भीगती हुई कोयल की कूक
यह ठीक तुम्हें अपने प्राणों से
उठती हुई महसूस होगी
बहुत आसान है
अपने कष्ट का विलाप
पर जो चीज़ हमें मनुष्य बनाती है
वह दूसरों के दुख में
भीगी हमारी आँख है

उन्मत्त हाथियों के पाँवों तले
दबी-कुचली घास है
यह जनता
तीसरी और चौथी दुनिया में
डर-डरकर साँस लेती हुई

फिर भी बड़ी बात है असहमति
बड़ी बात है साहस असहमति का

यदि जीत असम्भव हो
तो हार मान लेने
और ख़ुद को दूसरों की दया पर
छोड़ देने से
कहीं बेहतर है
संघर्ष करते हुए खेत रहना
हाँ, संघर्ष
जिससे बनता है इतिहास
और तुम
इतिहास में ज़ाने से डरते हो
क्योंकि बाक़ी है
वहाँ आँच अब भी
बाक़ी हैं राख के भीतर
सुलगते कोयलों के सुर्ख़ फूल
हाँ, अग्नि ही फूल है उनके लिए
जो जूझते हुए
जीते हैं अपना जीवन

हर युद्ध में
एक विजेता है; दूसरा पराजित
जो पराजित है, वह जनता है
उस देश की भी
विजयी हुए हैं जिसके शासक

कौन कराहता है आधी रात
इस शिविर में
टीसते हैं ये किसके ज़ख़्म

शरशय्या पर क्या पितामह भीष्म !

हम क्या उत्तर दें उनको
महाभारत तो लिखा जा चुका था
बहुत पहले ही
बाक़ी थी केवल व्यूह रचना ही
जो घिर गये थे
चक्रव्यूह में
वे मारे गये
क्या मूल्य रखता है यह जीवन अब
क्या काम आया
हम लोगों का बचना भी

इतिहास पटकता है अपना सिर
काल की चट्टानों पर
गर्जना करते समुद्र की तरह

अनुत्ताप!
अनुत्ताप!
और अनुत्ताप!
वापस नहीं आता अनुत्ताप से कोई
वापस नहीं मिलता
अनुत्ताप से कुछ

धरती एक रचना थी
हमें काढ़ने थे बेलबूटे
पर हमने इसका ध्वंस किया

अब जाने दो इन अनुत्तापों को
समय नहीं अब

इससे पहले कि फिर बजे
बिगुल किसी युद्ध का
हमें पालने हैं ढेर सारे कबूतर
जिनसे भर जाये पूरी धरती
जिनसे गुंजार हो
सारा आकाश

कितना ख़ून बह चुका इतिहास में
कितना ख़ून
जिसे धो नहीं पायीं बारिशें
इस धरती से

पर लाशें तो दोनों ओर पड़ी हैं
जीत और हार की भूमि में
चील-कव्वे तो मँडराते हैं
दोनों ही आकाश में

शाम को रात में बदलते देखो
तो डर लगता है
चाहता हूँ कि
इस महाद्वीप में भी उगे
मध्य रात्रि में सूर्य
और खिले दुपहरिया का फूल

संसार भर के पक्षी
फड़फड़ा कर उड़ते हैं
केवल एक बाघ की गुर्राहट सुनाई देती है
केवल एक देश
एक विकल्प
एक साम्राज्य

जिसे बेचने हैं अपने हथियार
और बिना युद्ध के
यह सम्भव नहीं

युद्ध साफ़ करता है बाज़ार का मार्ग
भाषा का इन्द्रजाल है
तुम्हारा विश्व गाँव
एक बड़े पिंजरे में
फड़फड़ाते ज्यों असंख्य पक्षी
एक बड़ी जेल
जिसकी सलाखें दिखाई नहीं देतीं
एक बड़ा जाल
जो रोज़ हम पर गिरता है

मगर शान्ति नहीं समर्पण का नाम
हिमशिखर पर
खिलने वाला
ब्रह्मकमल नहीं शान्ति
वह मिलती है अपनी ज़मीन पर
अपने लोगों के बीच
जब तक तुम अकेले हो
कटे हुए दूसरों से
तुम्हें जीना है हिंसा और दहशत के बीच

हिंसा कभी बड़ी नहीं हो सकती प्यार से
प्यार जो बारिश की बूँदों से
बनता है
और चैत की दोपहर की
धीमी आँच में
पिघल जाता है

प्यार जो व्यूगोन वेलिया के
फूलों से भरे पुल में बदल जाता है
जिससे होकर
हम पहुँचते हैं अपने लोगों तक

जो फैले हैं ताँबे के खदान से
कोयले के खदानों तक
जो फैले हैं
हिमालय के कठिन पहाड़ों से
दक्षिण के उत्ताल समुद्रों तक
अपनी डोंगियों और पतवारों से
उन्हें चीरते हुए
जो फैले हैं खेतों-मैदानों से
नारियल के जंगलों तक
जो फैले हैं काराकोरम दर्रा से सोनमर्ग
लद्दाख, मनाली, भठिण्डा, रोहतक
और रानीखेत तक
जो फैले हैं पीलीभीत, भीलवाड़ा, किशनगंज से
सिलीगुड़ी, दिसपुर और कोहिमा तक
जो फैले हैं
बीरभूम, देवघर, नीमच, जूनागढ़ से
नारायणपुर और कोंडागाँव तक
जो फैले हैं
जलगाँव, अकोला से भवानीपटना
विशाखापटनम, धारवाड़, त्रिचिरापल्ली
और एर्णाकुलम तक
जो धातु गलाते हैं और बीज बोते हैं
जो पुल बनाते हैं
और इमारतें खड़ी करते हैं

स्वाति की बूँद से मोती बनता है
और यह उनका पसीना है
जो धरती के भीतर तक
रिसता है तो
बन जाता है पन्ना-पुखराज

प्यार एक पुल का नाम है
जिससे होकर
हम पहुँचते हैं अपने लोगों तक

इस पुल के नीचे बिछा है बारूद
और ऊपर फूले हैं
व्यूगोन वेलिया के फूल
जैसे यह बारूद पर फूलों की विजय हो
जैसे यह शान्ति की विजय हो युद्ध पर...